El baloncesto

POR M. K. OSBORNE

AMICUS

Amicus High Interest es una publicación de Amicus
P.O. Box 227, Mankato, MN 56002
www.amicuspublishing.us

Información del catálogo de publicaciones de la biblioteca del congreso
Names: Osborne, M. K., author.
Title: El baloncesto / M.K. Osborne.
Other titles: Basketball. Spanish
Description: Mankato, Minnesota : Amicus, 2020. | Series: Deportes olímpicos de verano | Includes bibliographical references and index. | Audience: K to grade 3.
Identifiers: LCCN 2019006552 (print) | LCCN 2019008104 (ebook) | ISBN 9781681519210 (pdf) | ISBN 9781681518954 (library binding)
Subjects: LCSH: Basketball–Juvenile literature. | Olympics–Juvenile literature.
Classification: LCC GV885.1 (ebook) | LCC GV885.1 .O7817 2020 (print) | DDC 796.323–dc23
LC record available at https://lccn.loc.gov/2019006552

Editora: Wendy Dieker
Diseñador: Aubrey Harper
Investigación fotográfica: Shane Freed

Créditos de Imágenes: Lukas Schulze/AP cover; Jessica Hill/AP 4; Bettmann/Getty 7, 8, 12, 19; Imagno/Getty Images/Getty 11; Rich Clarkson/The LIFE Images Collection/ Getty 14-15; Eric Risberg/AP 16, 31; Susan Ragan/AP 20; Charlie Neibergall/AP 22-23; Mark Ralston/Getty 25; Andrej Isakovic/Getty 26-27; Xinhua/Alamy 29

Tabla de Contenido

CANADA
molten
FIBA

Baloncesto olímpico

La basquetbolista dribla por la cancha. ¡Y tira al aro! ¡Canasta! Dos puntos más para su equipo. El baloncesto olímpico es uno de los deportes de equipo más emocionantes para el espectador. El juego fue inventado en los Estados Unidos, pero ahora es un deporte que se practica en todo el mundo. En los Juegos Olímpicos, los equipos se disputan la medalla de oro.

Equipos de países de todo el mundo se reúnen para competir en al baloncesto olímpico.

El inicio del baloncesto

El Dr. James Naismith dirigió el primer juego de baloncesto en una clase de gimnasia en 1891. Se necesitaba un juego divertido que los jóvenes pudieran practicar durante el invierno. Hacía demasiado frío para hacer ejercicio al aire libre, así que amarró unas cestas a cada extremo de un gimnasio. Los jugadores anotaban puntos si lograban meter el balón en la canasta. Al poco tiempo, jóvenes de todo el mundo estaban lanzando balones a la canasta.

El Dr. Naismith quería que la gente se mantuviera activa y se divirtiera. ¿Por qué no lanzar un balón a una canasta?

Estos deportistas fueron parte del equipo que representó a los Estados Unidos en los Juegos Olímpicos de 1936.

¿Qué significa FIBA?

En poco tiempo, equipos de otros países empezaron a jugar baloncesto. Pero los equipos no siempre se ponían de acuerdo sobre las reglas. En 1932, se creó la **FIBA**. Se trataba de un grupo mundial. Este grupo redactó las reglas para que todos los equipos las siguieran. Si todos seguían las mismas reglas, los equipos podrían jugar y competir entre ellos sin problemas. El baloncesto ya estaba listo para los Juegos Olímpicos.

R FIBA son las iniciales de la Federación Internacional de Baloncesto (o en francés, Fédération Internationale de Basketball).

Baloncesto masculino

El primer partido olímpico de baloncesto tuvo lugar en Alemania en 1936. Hubo 21 equipos masculinos de distintos países que jugaron en una cancha al aire libre. Por la medalla de oro, compitieron los equipos de Estados Unidos y Canadá. La cancha estaba hecha de arena y arcilla. ¡Y llovió! El juego se convirtió en un desastre lodoso. ¡Los jugadores no podían siquiera botar el balón! Pero ganaron los Estados Unidos, con un marcador de 19 a 8.

Atletas y aficionados llenan el estadio olímpico de Berlín, Alemania, en 1936.

Jugadores de Rusia y Brasil se dan la mano con los de EE. UU. El equipo de EE. UU. ganó la medalla de oro en 1960.

P ¿Qué equipo de básquetbol masculino ha ganado la mayor cantidad de medallas olímpicas?

En los EE. UU., el baloncesto se convirtió en un deporte que algunos practicaban como si fuera un trabajo. Los atletas ganaban dinero por jugar. Pero los jugadores **profesionales** no estaban permitidos en los equipos olímpicos. Así que los jugadores de básquet de los EE. UU. salieron de equipos universitarios. Aún así, el equipo continuó siendo el mejor del mundo. ¡Desde 1936 hasta 1972, el equipo de los EE. UU. ganó 62 juegos seguidos!

Los Estados Unidos. Al terminar los Juegos Olímpicos de 2016, habían ganado 15 medallas de oro.

La suerte del equipo de los EE. UU. cambió en los Juegos Olímpicos de 1972. Los Estados Unidos y la Unión Soviética se enfrentaron en la final. Con solo unos segundos para terminar el juego, EE. UU. iba adelante. El marcador era de 50 a 49. Todos pensaban que el juego estaba decidido. Pero los soviéticos anotaron una canasta en el último segundo. ¡Y así ganaron el juego! Por primera vez, Los Estados Unidos perdió la medalla de oro.

Los soviéticos anotan la canasta ganadora en el juego por la medalla de oro en 1972.

El jugador profesional David Robinson ayuda a los EE. UU. a ganar fácilmente la medalla de oro en 1992.

Los Juegos Olímpicos de 1992 presentaron un gran cambio. Los jugadores profesionales tuvieron permitido jugar. El equipo de los EE. UU. fue llamado el Equipo de los Sueños. Tenía estrellas de la **NBA** como Michael Jordan y Larry Bird. Charles Barkley y Magic Johnson también eran parte del equipo. Algunos lo llamaron "el mejor equipo de baloncesto de todos los tiempos". Ganaron la medalla de oro. El marcador final contra Croacia fue de 117 a 85.

Baloncesto femenino

Las mujeres han jugado en equipos de baloncesto tanto tiempo como los hombres. Pero hasta 1976, los Juegos Olímpicos no tuvieron un evento femenino. Ese año, el equipo femenino de EE. UU. jugó contra las soviéticas por la medalla de oro. Las soviéticas ganaron. Las soviéticas volvieron a ganar en 1980. El equipo de los EE. UU. finalmente ganó la medalla de oro en 1984.

P ¿Qué equipo de básquetbol femenino ha ganado más medallas?

La jugadora estadounidense Anne Donovan disputa el balón en los Juegos Olímpicos de 1984.

R Los Estados Unidos. El equipo de baloncesto femenino de los EE. UU. ha ganado 10 medallas, y 8 de ellas son de oro.

El equipo de los EE. UU. celebra una victoria en los Juegos Olímpicos de 1996.

El equipo femenino de los EE. UU. de 1996 fue probablemente el mejor equipo de todos los tiempos. Incluía a Lisa Leslie y a Teresa Edwards. Sheryl Swoopes fue la líder del equipo. Estas fueron las primeras estrellas de la recién creada **WNBA**. Nunca perdieron un juego olímpico. Ganaron fácilmente la medalla de oro.

El baloncesto hoy en día

Muchos países tienen su selección nacional de baloncesto. Pero solo los 12 mejores equipos del mundo llegan a los Juegos Olímpicos. Antes de los juegos de verano, los equipos participan en **torneos**. Así se seleccionan los 11 mejores equipos. El país sede de los Juegos Olímpicos también puede enviar a su equipo.

Los EE. UU. y Francia luchan por obtener un lugar en la final por la medalla de oro en 2016.

Los 12 equipos se dividen en dos grupos. Los equipos juegan unos contra otros. Los ocho mejores equipos son invitados al torneo olímpico final. En el torneo olímpico, si un equipo pierde, queda eliminado. El equipo que gana todos sus juegos obtiene la medalla de oro. El equipo que pierde en la final obtiene la medalla de plata. El juego por el tercer lugar decide qué equipo obtiene la medalla de bronce.

Kobe Bryant rebasa a un jugador de España en los Juegos Olímpicos de 2012.

14
ESPAÑA

En el pasado, los equipos de EE. UU. han sido los mejores. El único año en que ninguno de los equipos ganó una medalla fue 1980. Los EE. UU. no participaron en los Juegos Olímpicos de ese año. El baloncesto es ahora un deporte mundial. España, Francia y Brasil tienen muy buenos equipos. Sus equipos incluyen jugadores profesionales que participan en la NBA y en la WNBA. Los equipos de EE. UU. tienen que competir muy duro para ganar medallas.

La española Marta Xargay es una jugadora profesional que ha presionado a los EE. UU. para que jueguen más duro.

¡Anima a tu equipo!

En 1932, solo ocho equipos de baloncesto formaban parte de la FIBA. Hoy, son más de 100 países los que tienen equipos. Este deporte incluso tendrá un formato nuevo y más rápido en los Juegos Olímpicos de Tokio en 2020. Prepárate para ver el **baloncesto 3x3**. Dos equipos de tres jugadores cada uno juegan con una canasta a media cancha. ¡El primero en obtener 21 puntos en 10 minutos, gana! ¡Anima a tu equipo para ganar el oro olímpico!

El jugador estadounidense Kevin Durant mete una canasta en la final por la medalla de oro en 2016.

USA
5

Glosario

Baloncesto 3x3 Es un estilo de baloncesto donde equipos de tres jugadores compiten a media cancha.

FIBA Iniciales de la Federación Internacional de Baloncesto (o en francés, Fédération Internationale de Basketball); es la organización que fija las reglas para los juegos de baloncesto entre equipos de distintos países.

NBA Iniciales de la Asociación Nacional de Baloncesto (National Basketball Association en inglés), la principal liga profesional de baloncesto masculino de los EE. UU.

Profesional Una persona a la que se le paga por practicar deportes.

Torneo Una competencia en el que los equipos ganadores avanzan; el equipo que gana todos sus juegos gana el torneo.

WNBA Iniciales de la Asociación Nacional de Baloncesto de Mujeres(Women's National Basketball Association), la principal liga profesional de baloncesto femenino en los EE. UU.

USA

Índice

Acerca del autor

M. K. Osborne es un escritor y editor para niños que se emociona con los Juegos Olímpicos, tanto con los de verano como los de invierno, cada dos años. M. K. Osborne ha estudiado las estadísticas, las cifras y el conteo de medallas para llevar a los lectores jóvenes las mejores historias sobre los Juegos Olímpicos.